PAUL BERT

PAR

ÉMILE THIERRY

TONNERRE

TYPOGRAPHIE & LITHOGRAPHIE G. ROY

4, RUE DE L'ANCIEN-COLLÈGE, 4

1887

AVANT-PROPOS

Dire, en quelques pages, la vie si bien remplie du Grand Citoyen, tombé loin de la Mère-Patrie, en travaillant à sa prospérité et à sa gloire, tel est le but que je me propose.

Ami de Paul Bert, reçu dans sa famille depuis plus de dix ans, ayant eu souvent occasion d'apprécier ses rares qualités intimes, j'ai pensé qu'il était de mon devoir de rendre ce suprême hommage à un enfant de l'Yonne qui a tant contribué à l'illustration de son Pays.

On peut n'avoir pas partagé toutes les vues politiques du député, mais cela ne saurait empêcher de rendre au savant, au lettré, à l'homme public, la justice qui lui est due.

Il y avait, dans Paul Bert, deux natures : l'homme politique et le savant. Je pourrais ajouter l'homme de lettres et l'orateur ; car nulle question pratique, utile au Pays, en médecine, en agriculture, en politique, n'a été étrangère à ce vaste esprit doué d'une si remarquable puissance d'assimilation.

C'est sous ces différents aspects que nous étudierons notre cher et regretté compatriote.

Nos lecteurs, nous l'espérons du moins, accueilleront favorablement ce modeste travail, malgré ses imperfections. Ils ne verront que le but poursuivi : Faire connaître à des Français, un grand Français mort glorieusement pour la Patrie commune.

Je tiens à remercier publiquement ici deux amis auxerrois des renseignements qu'ils ont bien voulu me fournir pour cette notice : M. Louis Richard, proche parent de Paul Bert ; et un ami du savant, homme de lettres et poëte à ses heures, aimable et obligeant toujours : j'ai nommé M. Claude.

E. T.

PAUL BERT

I

Paul Bert est né à Auxerre, le 19 octobre 1833. Son père était conseiller de préfecture. Sa mère avait toutes les qualités d'une femme du monde et d'une excellente mère de famille. Esprit fin, délicat, cœur bon, dévoué, charitable, elle ne vivait que pour ses deux fils. Elle avait quelque préférence pour son Paul, car il lui ressemblait plus que l'aîné, que sa santé et sa force physique rapprochaient davantage du père, homme de taille et de force peu communes. Mais si chez P. Bert enfant le corps était frêle, l'esprit était vif, impatient, chercheur, qualités qu'il tenait de son père. Il avait une intelligence surprenante, une grande facilité pour l'étude et une mémoire prodigieuse, mais il ne travaillait que par intermittences et, le plus souvent, ne savait ses leçons que quand il les avait entendu répéter par ses camarades. Ce n'est que plus tard que lui vint l'amour du travail. S'il était médiocrement studieux, il était aussi très passablement indiscipliné, ce qui ne l'empêchait pas de tenir la tête de sa classe.

Il eut pour émule, sur les bancs du collège d'Auxerre, qui a donné un certain nombre d'hommes de mérite, Hippolyte Sainte-Marthe, qui succomba à la fièvre typhoïde au moment où il terminait brillamment ses *humanités*. Ces deux belles natures, vives, pétulantes, étaient bien faites pour s'entendre. P. Bert et Sainte-Marthe furent très liés et, s'ils se redoutaient quand il s'agissait du classement, ils savaient s'unir à merveille pour les *niches* à faire à leurs maîtres et particulièrement aux *pions*.

Rien n'était amusant comme d'entendre P. Bert raconter ses farces de collégien. Il était si gai et riait si franchement, de ce bon rire bourguignon, caractéristique des braves cœurs. Il y a eu un an aux vacances dernières, vers le mois d'août, passant avec lui devant le collège d'Auxerre, il me fit entrer, pour voir les changements opérés, grâce à une municipalité intelligente et dévouée ; et c'est dans une des cours de ce vieux Collège rajeuni qu'il me conta une de ses niches de prédilection. Souvent retenu le soir après le départ de ses camarades, il s'amusait à jeter du sel marin dans les verres de lampe, qui volaient en éclats. Or, un jour, le Principal, le père Lacombe, je crois, s'aperçoit de la cause de ces accidents et cédant à un mouvement de colère et de juste indignation, apostrophe le pauvre gamin, lui disant avec son accent auvergnat : « *Chelui qui jette du chel dans les verres de lemmpe, jettera un jour de l'archenic dans la choupe de chon père !! »*

J'ai parlé de l'intimité de P. Bert avec Sainte-Marthe parce qu'elle n'a pas été sans influence sur sa destinée scientifique. Les deux amis qui passaient ensemble leurs vacances et leurs jours de congé, accompagnaient dans ses courses un proche parent de Sainte-Marthe, jeune vétérinaire d'Auxerre, fort distingué, condisciple de cours, à l'École vétérinaire de Lyon, du savant physiologiste d'Alfort, M. G. Colin. Ce jeune homme, grand dénicheur d'oiseaux, les empaillait avec habileté, et fut le créateur du Musée géologique d'Auxerre. Il emmenait les deux gamins dans ses courses qui, interrompues par le départ de P. Bert pour Sainte-Barbe, reprenaient de plus belle pendant les vacances. P. Bert se destinait alors à l'École polytechnique, néanmoins, ses études terminées, il ne fit pas un ingénieur, mais un avocat. « Ces avocats sont donc bons à tout, » me disait-il un jour en lisant un discours prononcé par moi à l'inauguration de la statue de Bourgelat, qui, lui aussi, était avocat. Sa vie justifia brillamment cette réflexion.

Reçu licencié en droit, il devint secrétaire d'un avocat de talent, originaire d'Auxerre, M. Marie. Mais il ne se fit jamais inscrire au tableau des avocats. Ce métier ne pouvait plaire à la nature ardente, avide de savoir, du jeune homme. Il lui paraissait pénible d'être obligé de torturer les affaires pour les englober dans un cadre restreint, limité par les articles du Code. Il aurait voulu faire des lois pour les affaires et non accommoder celles-ci aux lois. Il se sentait déjà législateur.

Il employait toujours ses loisirs à préparer la collection zoologique du Musée d'Auxerre, avec ce brave Colin, mort, comme l'a dit P. Bert, « victime de son dévouement à la science. » Et il prenait goût à ce travail, qu'il complétait dans la solitude ; mais il ne pouvait se contenter de savoir empailler des oiseaux et piquer des annelés sur des lièges, et il chercha bientôt à connaître « ce que ces petites bêtes, ces *moigniaux* avaient dans le ventre. »

Ses goûts, on le voit, le portaient vers les sciences naturelles, le mettant ainsi en opposition avec son père, qui voulait absolument le voir entrer au barreau. Longtemps il y eut lutte entre ces deux caractères, à ce sujet, comme en politique. Et il arriva, ce qui fatalement devait se produire : le père resta ce qu'il était, et le fils devint ce qu'il tentait de devenir.

Un de ses amis, M. Lemercier, bibliothécaire au Muséum, lui fit faire la connaissance de Gratiolet, alors chef des travaux anatomiques de cette grande école d'histoire naturelle. P. Bert avait décidément quitté le droit pour la science ; il inspira une vive sympathie à Gratiolet, qui lui posa un jour cette question : « Avez-vous de quoi vivre ? Répondez franchement. Pouvez-vous disposer de 100 ou 150 francs par mois ? En un mot, pouvez-vous passer quelques années sans rien gagner ? » — Oui, répondit P. Bert. — Eh bien ! marchons !... Et il marcha, droit devant lui, sans se presser de choisir, menant tout de front avec sa belle intelligence, et disant, pénétré de cette idée que toutes les sciences sont sœurs : « J'ai cet avantage que je puis travailler sans me préoccuper trop du lendemain ; je puis attendre avant de m'attacher à une *spécialité*, que j'exploiterai d'autant mieux que j'aurai préparé un bagage plus complet, plus varié, pour la mener *à bien* et *plus avant*. »

D'après les conseils de Gratiolet, dont il suivait très assidûment les travaux, P. Bert voulut faire de l'anatomie avant de faire de la zoologie pure. Or, la meilleure école était la Faculté de médecine. Il était déjà bachelier ès-sciences ; il prit ses inscriptions, et, simultanément, pendant un an environ, il fit de la chimie au Laboratoire de M. Chevreul, où, si je ne me trompe, il découvrit trois nouveaux dérivés de l'alcool. Puis il se livra, au Laboratoire du Muséum, à l'étude de l'anatomie comparée, et prit bientôt le grade de licencié ès-sciences naturelles. C'est alors qu'il eut l'occasion de signaler quelques particularités anatomiques *de la vertèbre du hareng et de l'alose*. Il établit aussi quelques lois *d'anatomie philosophique*, et fit sa fameuse expérience de *suture de deux rats par le thorax*, prouvant la solidarité de ces deux frères *siamois* par une expérience bien simple : un lavement belladonné administré à l'un des sujets produisit la *dilatation pupillaire* de l'autre. Il fit, avec le même succès, la même expérience, sur un chat et un rat, qui, malgré leur *étroite liaison*, ne furent jamais bons amis. Il dut même inventer un appareil protecteur pour le rat, et construisit une cage, véritable édifice, enfermant celui-ci, et solidement fixée au chat. C'est le début des travaux sur la greffe animale, que P. Bert prit pour sujet de sa thèse du doctorat en médecine, qu'il soutint avec éclat en 1863.

Ces premières recherches intéressèrent vivement Cl. Bernard, à qui elles furent soumises. C'est lui qui présida les examens de licence où P. Bert fit une magnifique leçon sur la *Respiration*. Il eut à soutenir une lutte ardente contre le Président, qui fut assez vivement frappé de son mérite pour lui offrir, quelques jours après, de devenir son préparateur. Le jeune savant était trop perspicace pour refuser cette bonne fortune.

Alors commença pour lui cette vie de laboratoire où tant de jeunes hommes ont succombé victimes des terribles microbes. Arrivé à huit heures du matin, il ne sortait le plus souvent qu'après minuit. C'est ainsi qu'il comprenait et qu'il comprit toujours ses devoirs de fonctionnaire. Il était d'ailleurs *généreusement* payé (1,000 à 1,200 fr. par an pour quinze à seize heures d'un travail journalier opiniâtre).

Il signala le premier, au nom du Maître, *les lois de l'action physiologique de l'opium*. Avant de poursuivre ces recherches, qui intéressèrent vivement Cl. Bernard, celui-ci voulut qu'ils étudiassent d'abord les divers moyens de contention des animaux d'expériences qui devaient servir à leurs travaux de « *physiologie opératoire*. » Mais, chemin faisant, le préparateur ne perdait pas de vue son idée et il put constater, par des injections sous-cutanées et autres, que la *narcéine*, que Bailly avait déclarée inerte, produit un sommeil tranquille ; que, par la même voie sous-cutanée, l'opium est sans danger jusqu'à la dose de 5o centigrammes ou même un gramme, tandis qu'il tue par les voies digestives ; et il put injecter, sans produire la mort, jusqu'à 2 grammes 1/2 de chlorhydrate de morphine dans la jugulaire du chien... Et ainsi de suite pour les sept alcaloïdes de l'opium.

En 1866, Paul Bert, marié depuis un an à une jeune écossaise, Mlle Clayton, soutint pour le doctorat ès-sciences naturelles, une thèse remarquable.

Cl. Bernard, tout en le regrettant, jugea qu'il était temps d'abandonner son préparateur à lui-même, et le fit nommer professeur de zoologie à la Faculté des siences de Bordeaux, où il eut déjà à lutter contre quelques intrigues cléricales. Il ne trouva point à Bordeaux de laboratoire, et ne put produire ce qu'il espérait. Mais Arcachon n'était pas loin, et il s'y livra à de curieuses et intéresssantes recherches sur la *physiologie des mollusques*, alors peu connue.

Quelque temps après, M. Vulpian, suppléant de Flourens dans la chaire de physiologie du Muséum, quittait son poste. Il voulut, de concert avec le Directeur de l'Enseignement supérieur, le faire donner à Paul Bert. Ce ne fut pas sans peine qu'on obtint de M. Duruy, ce ministre libéral du Bas-Empire, une *nomination à titre provisoire*. Cl. Bernard, ambitieux pour son élève, ne s'en tint pas là. Bien que cela ne fut pas dans ses habitudes, il intrigua à sa façon. Il se fit nommer professeur au Muséum, abandonna sa chaire de physiologie de la Sorbonne pour en faire donner la suppléance avec le titre de « Chargé de Cours » à Paul Bert.

Ce ne fut pas chose facile. On destinait cette charge importante à M. Dareste. Les évêques, si puissants sous l'Empire, et qui, par métier, aiment à enfouir la lumière sous le boisseau, furent pris de terreur à l'idée de voir arriver, dans la première Faculté du monde, un homme de cette valeur et de ce caractère. Tout fut mis en œuvre : la majorité du Conseil académique voulait que M. Dareste fût élu. Heureusement, Paul Bert avait pour lui tous les vrais savants : Duhamel, H. Sainte-Claire-Deville, Cl. Bernard, Milne-Edwards, M. Pasteur. On mettait en avant l'âge de M. Dareste. Sainte-Claire-Deville répondait avec à propos : « Vous reconnaissez que l'œuvre de Paul Bert et celle de M. Dareste se valent, et M. Bert a quinze ans de moins que son compétiteur : jugez alors de ce qu'il pourra vous donner d'ici à quinze ans. »

Paul Bert fut nommé suppléant de la chaire de physiologie de la Faculté des sciences de Paris, et deux ans après, en mars 1870, il faisait son cours en qualité de titulaire.

II

1. Passons tout de suite en revue l'œuvre considérable du savant. Il l'a conservée tout entière écrite et l'a léguée à la France comme preuve de son ardent patriotisme.

Disons d'abord, et d'une façon générale, qu'il fut un pur gaulois avec toutes les qualités de la race. Vif, incisif, d'une clarté remarquable qui n'exclut pas l'élégance, d'une originalité brutale parfois, ses œuvres ont une réelle valeur littéraire. Rabelais, Marot, Montaigne ont dû être ses modèles de prédilection.

Il a fait, paraît-il, dans sa jeunesse, d'assez bons vers. Je signalerai une pièce héroï-comique insérée dans l'Album de la *Marmite*, dont Paul Bert a été président, et une chanson « *Les Dévoués* » publiée dans le *Nouvelliste de l'Yonne*, du 20 mars 1858. J'aimerais à la copier tout entière ; j'en détacherai seulement deux couplets, pris au hasard :

> Quand tant d'autres, sous leurs talons,
> Dans la boue écrasent des roses,
> Nous, les dédaignés, nous créons.
> Que de fleurs sous nos mains écloses !
> Parfums aimés, fruits savoureux,
> Mousses, gazons et doux ombrage.
> Fraîches senteurs des prés joyeux,
> Bons *Dévoués*, c'est votre ouvrage !
>
> . . . .
>
> Silence ! un lamentable cri
> Retentit sous la voûte sombre...
> Le *plomb*, invisible ennemi,
> Dévore l'un de nous dans l'ombre.
> C'en est fait ! ne le pleurons pas,
> Le voilà libre. Du courage !
> Chacun de nous ne doit-il pas,
> *Dévoués*, mourir à l'ouvrage !

Ce sont œuvres de jeunesse, débordement de sève et de gaieté, si douces à relire parfois quand la vie, avec toutes ses misères, nous a rendus tristes et graves. Abordons maintenant l'œuvre sérieuse.

Un an après sa thèse pour le doctorat en médecine sur « la greffe animale », Paul Bert publia chez Masson une brochure de 130 pages (*Catalogue méthodique des animaux vertébrés vivant à l'état sauvage dans le département de l'Yonne, avec la clef des espèces et leur diagnose.*) Ce petit livre, si utile au médecin, à l'agriculteur, au vétérinaire, qui ont intérêt à connaître la faune de leur département, est dédié à Achille Collin, cet ami de jeunesse « mort le 18 février 1855, victime de son ardeur à enrichir la collection des animaux vertébrés du département, collection qu'il avait fondée. »

En 1866 parut la thèse pour le doctorat ès-sciences naturelles que Paul Bert soutint en Sorbonne « *Recherches expérimentales pour servir à l'histoire de la vitalité propre des tissus animaux.* » On ne savait presque rien jusqu'alors sur les propriétés de nutrition des tissus ; aussi cette étude, basée sur des expériences fort intéressantes et très habilement exécutées, fut-elle bien accueillie des chirurgiens, et valut à l'auteur, avec ses travaux sur « la greffe animale », le prix de physiologie expérimentale de l'Académie des sciences (1865). De 1869 à 1878, Paul Bert fit les recherches les plus curieuses sur « *l'influence des divers agents physiques : électricité, chaleur, lumière, eau douce, eau de mer, sur les végétaux et les animaux.* » En 1875, il emporta, de haute lutte, le Grand prix biennal de l'Institut pour ses travaux considérables sur la « *Pression barométrique.* » Il me serait impossible de donner seulement le simple énoncé des chapitres de ce volumineux ouvrage. Mais tous ceux que les sciences physiques intéressent savent déjà les applications de ces recherches à la thérapeutique et à l'hygiène.

En 1870, Paul Bert a publié ses leçons faites en 1869 au Muséum (suppléance de Flourens) sur « *la physiologie comparée de la respiration chez tous les animaux.* » Il est en désaccord sur quelques points avec « *la physiologie comparée des animaux domestiques* » de M. G. Colin.

Viennent ensuite les travaux sur « l'innervation », si utiles au médecin et au chirurgien. Le vétérinaire y trouvera aussi d'utiles indications pour l'étude du *cornage* du cheval, de la *chorée* du chien... etc. L'auteur y donne l'explication de la mort subite des animaux, auxquels on fait déglutir des breuvages par les voies aériennes antérieures, si ces breuvages touchent une des divisions périphériques du nerf nasal, du pneumo-gastrique ou du laryngé supérieur, que Paul Bert appelle les « sentinelles du poumon. » La connaissance de ce fait m'a permis d'expliquer la mort subite d'un cheval et de faire condamner, par le tribunal d'Auxerre, l'empirique qui en était l'auteur. Les « *virus, venins, anesthésiques, poisons* », ont aussi fait l'objet d'études et de communications à diverses Sociétés savantes. Les « *virus, morveux et vaccinal,* les propriétés *virulentes de certains sangs charbonneux,* le *virus rabique* » ont été étudiés dans des conditions bien déterminées de conservation ou de perte de la virulence. Et à ce propos Paul Bert a, un des premiers, rendu justice à un vétérinaire, M. Boulet-Josse, de Toucy, qui a bien réellement découvert, au simple examen objectif, un caractère distinctif, clinique, si l'on veut, du sang d'un animal atteint de sang de rate de celui d'un autre atteint de charbon symptomatique. Nous devions, Paul Bert et moi, commencer quelques recherches expérimentales sur le *virus de la fièvre aphteuse* à la première épizootie de *cocotte* apparue dans les environs d'Auxerre et essayer un traitement par l'emploi de *l'eau oxygénée.*

Je n'insisterai pas sur « *l'action anesthésique du protoxyde d'azote* », dont Paul Bert a fait les applications les plus heureuses avec des chirurgiens qui s'appellent Péan, Léon Labbé, Préterre... etc., non plus que sur *l'action physiologique de l'acide phénique* et d'un grand nombre d'alcaloïdes.

Je passe sous silence tout ce qui concerne l'anatomie et la zoologie pures ou spéculatives, comme aussi l'anatomie et la physiologie végétales, toutes ces nombreuses recherches qui n'ont d'utilité réelle que pour le naturaliste ou l'expérimentateur : « *Origine du sucre de lait; variations de l'urée en rapport avec la nourriture; injection de glycose dans les veines; transfusion du sang...* etc., etc.

A côté de ces publications exclusivement scientifiques, mentionnons, pour mémoire : *Les éléments de zoologie,* publiés en collaboration avec M. Blanchard, professeur de zoologie à l'Institut agronomique, et les « *Leçons d'anatomie et de physiologie animales* », professées aux jeunes filles à la Sorbonne.

b — Les revues scientifiques hebdomadaires que Paul Bert a, pendant plus de dix ans, publiées dans la *République Française,* sont connues de tous. Il y a fait preuve d'une remarquable érudition, touchant à tout : physique, chimie, mécanique, astronomie, géologie, médecine... etc. Quelques articles sur la doctrine médicale du docteur Burggroeve, de Gand, ont fait même un certain tapage dans le

Landerneau de la pharmacie et de l'allopathie, intéressées à ne pas laisser se propager cette méthode thérapeutique rationnelle, qui *guérit*, et à si peu de frais.

c — Paul Bert était membre *actif* de nombreuses Sociétés savantes. Un de ses plus beaux titres, celui dont il était le plus fier, est celui de président perpétuel de la Société de Biologie, qui lui fut conféré à la mort de son maître Cl. Bernard. Il faisait partie, en outre, de la Société anatomique, de la Société philomatique, de la Société des sciences historiques et naturelles de l'Yonne, de la Société médicale de l'Yonne... etc., etc.

Les bulletins de toutes ces Sociétés contiennent des communications qui témoignent de l'intérêt que Paul Bert prenait à leurs travaux. Enfin, en 1881, il fut élu membre de l'Académie des sciences, où il eut pour compétiteurs deux hommes hors de pair : Davaine, mort en 1883, et M. Charcot, l'illustre *hystérologiste*.

En somme, de 1863 à 1886, Paul Bert n'a cessé de produire, et, chose remarquable, rien n'est inutile dans ces recherches, dont feront leur profit tous ceux dont la profession ou les études touchent de près ou de loin aux sciences naturelles : anatomistes, physiologistes, médecins, chirurgiens, vétérinaires, agriculteurs... etc.

Je crois avoir à peu près dit l'œuvre scientifique ; nous allons examiner maintenant la vie et l'œuvre politique de Paul Bert.

III

a — Il était, comme il l'a dit lui-même dans les réunions électorales de 1885, un « opportuniste radical. » Il n'aurait jamais consenti à piétiner sur place, savant avant tout, il transporta ses opinions scientifiques dans le domaine de la politique. Partisan de Darwin, il croyait à la *variabilité* des espèces animales et végétales, comme à celle des individus, comme à celle des nations, *variabilité* résultant des conditions de « milieu ». Il fit toujours une étude sérieuse de ce « *milieu* » avant de proposer ou d'effectuer une « *transformation* » quelconque, politique ou sociale, n'hésitant jamais, quelle qu'elle fût quand il jugeait le moment *opportun*. Il fut *anthropotechniste*, comme dirait notre ami, le professeur R. Baron.

Il a toujours négligé les rouages et le mécanisme, la routine en un mot, s'occupant surtout de faire accomplir à la nation, aux idées, des « *évolutions* » successives et progressives. Il considérait l'instruction et l'éducation comme l'oxygène et l'air intellectuels, nécessaires à la vie sociale. Ardent patriote, partisan convaincu de la *Revanche*, il pensait toujours à l'élévation de l'armée, qu'il voulait identifier de plus en plus avec la nation, et considérait l'éducation militaire de l'enfant comme un puissant facteur social. Et comme, selon lui, les peuples soldats devaient avoir une importance considérable dans l'équilibre universel, il voulait, autant que possible, élever dans l'armée les conditions du « milieu intellectuel. »

b — C'est en juin 1870 que Paul Bert entra dans la carrière politique. Il échoua au Conseil général de l'Yonne contre M. Précy-Debontain, candidat officiel.

Le 4 septembre, après les cruels revers de l'année terrible, il vint s'offrir à M. Jules Simon, qui lui dit, avec une sorte de découragement : « Faites ce que vous pourrez. » Il vint à Auxerre, en qualité de secrétaire général de Ribière, nommé Préfet. Tous deux devaient se présenter à la députation aux premières élections, qui furent contremandées devant l'invasion croissante. Les deux amis partirent alors à Bordeaux, et Paul Bert exposa ses vues à Gambetta. Une discussion s'éleva fort vive, à ce point que des fonctionnaires du Gouvernement s'étant présentés, Gambetta leur dit : « F..... moi le camp. »

Paul Bert fut nommé Préfet du Nord. C'était un poste qu'on présumait devoir être périlleux, et qui l'aurait été sans l'énergie de Faidherbe. L'armistice signé, Paul Bert revint à Auxerre, où il fut élu conseiller municipal et bientôt conseiller général pour le canton d'Aillant-sur-Tholon. En 1877, il donna sa démission et fut remplacé par notre confrère, M. Roy; mais il posa sa candidature dans un canton, encore soumis aux influences réactionnaires, Coulanges-la-Vineuse, et l'abandonna ensuite quand il pensa l'avoir gagné à la cause républicaine. En 1885, à la mort de Ribière, il se présenta de nouveau au Conseil général de l'Yonne pour le canton de Toucy, où il était à craindre de voir élire un conservateur. En 1886, il fut réélu bien qu'absent, et à l'ouverture de la session d'août, il ne lui manqua que 3 ou 4 voix pour être élu président.

En 1872, et non en 1874, comme l'ont écrit beaucoup de journaux, il avait été élu député de l'Yonne en remplacement de M. Léopold Javal, décédé, contre M. Javal fils, ingénieur, médecin, ophtalmologiste et professeur, comme Paul Bert, à l'école des Hautes-Études. Ses électeurs lui ont, jusqu'à sa mort, continué son mandat.

c — On sait sa liaison avec Gambetta, qui avait sans peine apprécié la valeur du savant et de l'homme politique. Aussi fut-il choisi, le 26 novembre 1880, pour faire partie du « Grand Ministère », qui tomba si dignement le 26 janvier suivant !

Que de choses faites pendant ces deux mois ! Que de réformes qui malheureusement n'ont pas duré ! Que de démissions de fonctionnaires hostiles à la République ont été données le jour où il est entré à l'hôtel de la rue de Grenelle ! Ses ennemis ont dit : « La preuve que le nouveau Ministre n'est pas sympathique, c'est que tout le monde quitte le Ministère. » Nous répondrons : « Non, ces démissions ne sont pas une preuve contre Paul Bert, elles établissent seulement qu'on redoutait sa haute justice, sa droiture, son inimitié profonde pour les employés inutiles, paresseux, ou ennemis de la République. » Malheureusement, il n'est pas resté assez longtemps pour épurer cette Université si exclusive et si réactionnaire encore, et tous ces hommes qui courbaient si bien l'échine devant lui, ont insulté lâchement à sa chute, faisant ainsi chorus avec les feuilles réactionnaires et cléricales. Quand donc nos gouvernants auront-ils le courage de toucher à « *l'arche sainte* » et de nous débarrasser de ce fléau, le fonctionnarisme rétrograde ?

d — L'expédition du Tonkin a rencontré en France bien de l'opposition, et j'avoue avoir été hostile à cette idée, qui peut être grande, glorieuse, mais qui nous a coûté tant de sang et de millions. Mais une fois engagé dans cette voie, le pays ne pouvait plus reculer; il s'agissait de l'honneur du Drapeau, et tous les pessimistes avaient fini par se rallier à l'idée d'une colonisation utile et fructueuse, quand on apprit que Paul Bert avait été nommé Résident Général au Tonkin et en Annam. Nul plus que lui n'était capable de ramener la paix et le travail chez ce peuple agriculteur et laborieux, et pourtant ses amis, moi le premier, firent tout pour le dissuader de partir; il fut inflexible.

On l'a accusé d'aller chercher en Orient la fortune et la gloire. Qu'avait-il à faire de la gloire ? Ne se l'était-il pas acquise depuis longtemps par ses travaux considérables ? Et s'il était ambitieux, c'était de travail. Il n'eut pas accepté une sinécure; il avait de remarquables facultés à utiliser au service de son pays, et son départ a été un acte immense de patriotisme.

Il savait mieux que personne à quoi il s'exposait; il savait qu'à un certain âge, on ne change pas impunément les conditions du « *milieu* » dans lequel on a coutume de vivre. Et cependant il est parti, parce qu'il était sûr d'être utile, parce que, ayant approuvé l'expédition, il voulait aussi payer de sa personne; il est parti avec la foi profonde, avec le ferme désir de réussir.

Il nous avait lui-même exposé ses vues, au Cercle du Commerce d'Auxerre, quelques jours avant son départ. « Au lieu d'aller avec des fusils qui effrayent l'Annamite, voué au culte de la famille, disait-il, allons-y en père de famille, en pacificateur. » Et il ne craignit pas d'emmener tous les siens : sa femme, ses trois filles, son gendre, sa belle-sœur, donnant ainsi une magnifique preuve de courage, d'audace peut-être, voulant, avant tout, inspirer confiance aux indigènes. Il se proposait aussi de faire œuvre scientifique, « amasser sur la flore et la faune de l'Extrême-Orient des documents dont il eût enrichi la science française. »

Nous le vîmes partir, le cœur serré, agité de tristes pressentiments, sachant bien qu'il ne se ménagerait pas. Et lui-même avec une pointe de mélancolie, disait : « Quand on a dépassé la cinquantaine, on ne doit plus avoir qu'une ambition, celle de bien finir. »

De fréquentes lettres nous étaient arrivées toutes rassurantes, constatant les progrès de la colonisation, quand la foudroyante nouvelle est venue nous frapper. Nous ne pouvons, hélas! que redire avec M. Vulpian : « Quelle perte lamentable pour la science! »

Et c'est cet homme, victime de son patriotisme, qu'on a accusé d'ambition vulgaire. Et parmi ceux qui insultent aujourd'hui à son cercueil, il n'en est pas un assez courageux pour accepter sa succession, pour aller, lui aussi, « chercher par là la fortune et la gloire! » Et il s'est trouvé un français, un prélat, partisan aussi de l'expédition du Tonkin, pour voter contre les funérailles nationales que la France veut faire au grand Citoyen mort pour elle; un prélat qui n'a pas craint de refuser une pension à sa veuve, sans fortune, quoi qu'on en dise, comme si le pays ne devait pas quelque chose à une famille qui perd tout en perdant un tel chef!

IV

L'œuvre politique de Paul Bert est immense. Nul député n'a plus que lui travaillé utilement. Ses rapports, ses conférences, ses projets de loi sont là, pour le prouver. Il s'est surtout occupé d'enseignement. Il a été le promoteur de la loi sur l'*obligation* et la *gratuité* de l'Enseignement primaire, que le Parlement vient de compléter, en y ajoutant la *laïcité*.

Les instituteurs savent mieux que personne la perte qu'ils ont faite, car lui seul, avec son opiniàtreté raisonnée, serait parvenu à les soustraire à l'absolutisme autoritaire de leurs supérieurs. Que j'en ai vu de ces malheureux, excellents fonctionnaires et bons républicains, traités par leurs chefs, réactionnaires souvent, comme on ne traite pas le dernier des valets ! Il semble que la dignité humaine n'existe pas pour l'instituteur, qui n'oserait jamais se révolter contre une injustice, dans la crainte qu'une suspension ou une destitution vînt priver sa famille du pain quotidien, que lui assure à peine son modique traitement.

Si la loi sur l'instruction primaire ne produit pas tous les résultats qu'on est en droit d'en attendre, ce sont les chefs universitaires de tous grades qu'il faudra en accuser. Paul Bert le savait bien ; c'est pourquoi il voulait élever le niveau moral de l'instituteur, lui donner l'indépendance et la dignité dont a besoin l'éducateur de la jeunesse. C'est pourquoi aussi il était craint des chefs qui s'inclinaient devant lui et le déchiraient à belles dents par derrière. Les instituteurs n'ont pas été ingrats envers leur avocat, ils le lui ont prouvé dans maintes circonstances.

Paul Bert a été aussi un des créateurs de l'Enseignement secondaire des jeunes filles. Il a doté sa ville natale d'un Collège, aujourd'hui en pleine prospérité.

Je n'insiste pas. Chacun a pu suivre le Député de l'Yonne dans sa vie politique, et ses succès de tribune sont encore dans toutes les mémoires, car il était excellent orateur, aussi bien qu'écrivain distingué. Celui qui a entendu sa parole chaude, vibrante, convaincue, n'a pu l'oublier. Ses adversaires surtout en garderont le souvenir. Il les terrassait d'un mot, avec un à-propos admirable, et restait calme et maître de lui au milieu des plus furieuses interruptions. Citerai-je ses conférences sur tous les sujets intéressant la politique générale, faites dans presque toutes les grandes villes de France, ses éloges funèbres de Gratiolet, de Cl. Bernard? Tout cela est imprimé et restera à la postérité.

V

Nous autres, habitants de l'Yonne, nous avons pu apprécier les bienfaits de cette vaste intelligence qui embrassait tous les sujets. L'agriculture lui doit la création de la station agronomique et de l'Ecole pratique d'agriculture du département. Il devait fonder au Tonkin cet enseignement technique de l'agriculture et m'avait demandé de lui fournir des documents à cet égard.

VI

Qu'il me soit permis, avant de parler de l'homme privé, de consacrer quelques lignes à un ouvrage qui fit grand bruit en France lors de sa publication, en 1878. Je veux parler de la « Morale des Jésuites, » dont la dédicace à M. Freppel, évêque d'Angers, est une merveille d'esprit. Ce n'est qu'après de pénibles recherches, de nombreuses traductions et bien des veilles que Paul Bert put nous faire connaître cette « Morale », la pire des immoralités.

Ce livre valut à l'auteur toutes les excommunications et toutes les injures des feuilles de sacristie. Mais il ne s'en émut pas plus que le héros d'Horace :

« Justum et tenacem propositi Virum »

Il répondit seulement dans la *République Française* par un article intitulé : « *Mes Falsifications* », où il établit la preuve flagrante de la mauvaise foi de ses adversaires. Et, de fait, il fallait peu connaître ce travailleur intègre et consciencieux, foncièrement honnête, pour le supposer capable d'altérer un texte.

Si j'ajoute à cela la série d'ouvrages composés pour les enfants : *Première* et *seconde année d'Enseignement scientifique*, *Premières notions de zoologie*, *l'Instruction civique à l'école*, et sa collaboration active à divers journaux : la *République Française*, le *Voltaire*, etc., je crois avoir à peu près tout dit sur les travaux du savant et de l'homme politique.

VII

Paul Bert avait la réputation d'être bourru comme un vulgaire « vivisecteur. » Les femmes surtout l'avaient en horreur à cause des cruautés qu'on l'accusait d'infliger à de pauvres animaux. On l'a représenté armé d'un coutelas ensanglanté, se préparant à égorger un malheureux chien[1]. Nous savons ce que valent ces sensibleries d'êtres qui ne pourraient voir égorger un lapin et qui infligent froidement les plus cruelles tortures à ceux qui les entourent. Mais passons. Aussi bien, les femmes mêmes sont revenues sur le compte du savant et seraient prêtes à chanter les louanges de sa bienveillance, de sa bonté, je dirais presque de sa bonhomie. Un jour qu'il rendait compte chez Victor Hugo (président, comme on le sait, de la ligue antivivisectionniste), de quelques nouvelles expériences scientifiques, où il avait fallu faire des vivisections.

— « Vous êtes méchant, lui dit Victor Hugo, avec son bon sourire d'ancêtre. »

---

1 *Paul Bert collectionnait soigneusement les caricatures faites sur lui, et s'empressait de les coller à la porte du vestibule de son cabinet. Une des plus jolies que j'y aie vues est celle-ci : « Paul Bert laisse l'empreinte de sa semelle dans la région... fessière d'un Frère de la Doctrine chrétienne, qui se sauve en baissant le dos » avec cette légende : « Il peut partir, son passeport est signé. »*

— « Méchant par excès de bonté, je veux bien, riposta le savant »; et il ajouta, en caressant une blonde tête d'enfant : « Quand je pense qu'on n'aurait pas découvert la guérison du croup, si l'on n'avait point pratiqué la vivisection ! »

Cette réflexion lui gagnait toutes les mères, et le poète devenait silencieux. Le fait a été conté par un témoin, M. Clovis Hugues.

VIII

a. Dans l'intimité, Paul Bert était charmant. C'est surtout au milieu de sa famille, à l'heure des repas, ou dans quelques réunions intimes, qu'il se laissait aller à sa verve bourguignonne. Nul n'avait plus d'entrain et d'*humour*. Il appliquait à chacun des nouveaux venus, avec un remarquable à-propos, une épithète homérique, caractéristique de la profession, des goûts, des habitudes et des manies. C'était fort amusant, et il n'a jamais froissé personne. Il vivait heureux au milieu de sa belle famille, entouré de femmes distinguées qui s'étaient pleinement identifiées à sa vie. Sa femme, d'abord, sa courageuse compagne qui ne l'a jamais quitté, dans le Nord, pendant la guerre; à Paris; dans ses voyages; et enfin à la dernière et douloureuse étape du Tonkin. Elle avait compris ce savant, ce travailleur infatigable et savait le partager avec la science, cette maîtresse envahissante et jalouse. Puis sa belle-sœur, Mlle Clayton, qui fut son copiste, son correcteur, son collaborateur parfois, et qui nous a donné, elle-même, il y a quelques années, un petit livre charmant, tout vibrant de patriotisme : « *Amour sacré de la Patrie.* » Et enfin ses trois filles, dont la gaîté et l'affection le reposaient de ses fatigues.

b. On a accusé Paul Bert d'être peu bienveillant, peu obligeant surtout. Je voudrais faire justice de cette accusation. Il était, je l'ai déjà dit, un travailleur, dont le cerveau puissant n'était jamais inactif; il avait la faculté si rare de pouvoir suivre simultanément plusieurs idées les plus opposées en apparence, et il n'aimait pas à être dérangé pendant les heures qu'il consacrait chaque jour au travail. « Je n'ai pas le temps de vous voir maintenant, revenez plus tard, » répondait-il à *quiconque* le troublait dans ces instants. Quoi d'extraordinaire à cela ? Ne sait-on pas que le travail intellectuel ne peut pas être impunément interrompu ?

Il répondait toujours franchement aux solliciteurs inconnus : « Je ne vous connais pas et ne puis rien faire pour vous »; parce qu'il était le député de la France avant d'être celui d'un clocher, et qu'il considérait comme peu intéressants les quémandeurs de sinécures.

« Il ne répondait jamais aux lettres qu'on lui adressait, disait-on encore. » C'est vrai; mais, outre que le temps matériel lui eût manqué pour le faire, s'il croyait le demandeur intéressant et sa demande juste, il s'en occupait, et le plus souvent, on était étonné d'avoir reçu une satisfaction qui tombait des nues avec la carte de Paul Bert. Je me souviens de m'être trouvé un jour dans son cabinet, à Auxerre, à l'heure où il ouvrait son courrier. Il faisait deux tas des lettres qui s'amoncelaient sur son bureau. Dans l'un se trouvaient celles des gens connus ou amis ; dans l'autre, celles des inconnus, et il les repoussait avec un geste significatif. Et comme je lui disais : « Vous ne pourriez vous douter de la quantité de lettres que vos amis empêchent à bien des gens de vous écrire. » — « Vous avez tort, me répondit-il, car ce sont mes amis qui devraient se charger de me faire parvenir ces lettres d'inconnus pour lesquels, par prudence et par crainte d'obliger un ennemi de la République, je ne puis ni ne veux rien faire. Mais quand une lettre m'arrive avec la recommandation d'un ami, je puis agir en toute sécurité. »

IX

Oui, certaine presse aura beau faire, Paul Bert restera un grand citoyen ; s'il est discuté comme homme politique, sa gloire de savant reste pure et à l'abri de toute critique.

Qu'on me pardonne d'avoir dépassé les limites qu'un journal accorde d'ordinaire à un article nécrologique. Il a été au-dessus de mes forces d'être plus concis en parlant de ce Français, que la France entière regrette, car, comme l'a dit M. H. Depasse « Il a une double histoire. un passé rempli d'actes et de travaux qui suffiraient à honorer deux existences. »

Je ne sais si la famille de Paul Bert lira cet humble travail; je la prie de l'accueillir comme un faible témoignage de la part que je prends à son deuil.

TONNERRE. — IMPRIMERIE G. ROY